ESSAI

SUR

L'ESPRIT PUBLIC.

Considérations générales sur l'Esprit public ;

Du Développement de l'Esprit public ;

Du Gouvernement représentatif ;

De l'Esprit public français ;

De la République ;

De la Royauté constitutionnelle, sa Cour, son Irresponsabilité, son Hérédité ;

Du Droit d'Election ;

De la Conservation de l'Esprit public.

PARIS,

CHEZ PILLET AÎNÉ, IMPRIMEUR-LIBRAIRE,

RUE DES GRANDS-AUGUSTINS, Nº 7,

ET CHEZ LES MARCHANDS DE NOUVEAUTÉS.

1833.

ESSAI

SUR

L'ESPRIT PUBLIC.

DE L'IMPRIMERIE DE PILLET AÎNÉ,
rue des Grands-Augustins, n. 7.

ESSAI

SUR

L'ESPRIT PUBLIC.

PAR A. RAGEOT-DUFAY.

———

A PARIS,

CHEZ PILLET AÎNÉ, IMPRIMEUR-LIBRAIRE,

RUE DES GRANDS-AUGUSTINS, N° 7;

ET CHEZ LES MARCHANDS DE NOUVEAUTÉS.

1835.

[illegible]

[illegible]

[illegible]

[illegible]

ESSAI

SUR

L'ESPRIT PUBLIC.

CHAPITRE PREMIER.

Considérations générales sur l'Esprit public.

—

C'est une vérité incontestable que, pour gouverner un pays éclairé du flambeau de la civilisation, il faut en bien connaître l'Esprit public, afin de créer ou de maintenir l'accord qui doit exister entre le gouvernement et lui, condition indispensable de la prospérité de l'état.

Cet Esprit naît de la communication que les citoyens se font de leurs idées touchant leurs intérêts communs, et s'étant formé dans la controverse qui en résulte, il se manifeste par les opinions ou jugemens que ratifie l'assentiment général de ceux entre qui les débats ont pu avoir lieu, car on ne saurait méconnaître que dans les sociétés humaines il n'y ait un nombre considérable d'individus, que leur peu de lumières rend absolument incapables de prendre part à ces débats ; et parce que les gouvernemens statuent sur tous les grands intérêts, c'est relativement à leur pouvoir et à leurs actes, que sont agitées les questions les plus importantes, d'où l'on a spécialement qualifié du nom de l'Esprit public les opinions générales qui s'établissent touchant le régime ou l'administration du pays.

C'est de cet Esprit, ainsi entendu, que nous allons parler, et c'est avec lui, que les gouvernemens doivent toujours se trouver d'accord ; il est donc nécessaire d'envisager les états comme étant composés de deux grandes classes de citoyens, dont l'une comprend ceux qui concourent à former l'Esprit public, et l'autre ceux qui n'y participent pas.

On s'aperçoit que beaucoup d'individus, quoique pleins d'instruction, feront cependant partie de la seconde classe, lorsque dans un état où l'Esprit public est peu développé, ils demeurent entièrement étrangers à ce que fait le gouvernement ; ce qui prouve que la civilisation et l'Esprit public ne s'élèvent pas ensemble, et d'un progrès égal, ce dernier pouvant déjà être fort dans un pays faiblement civilisé, et n'être que peu formé dans un autre où l'on cultive avec un grand succès les sciences et les arts, encore bien que son développement résulte un jour de celui des facultés intellectuelles. Mais aussi parmi les questions que cet Esprit a résolues, il en est à l'égard desquelles toute la seconde classe doit être considérée comme si elle y eût réellement pris part, à cause de l'attachement qu'avec le tems elle porte aux solutions qui ont eu lieu ; telle est ordinairement la forme constitutive du gouvernement, cette forme sous l'aspect de laquelle on a accoutumé de voir la sûreté et l'ordre maintenus dans la société, rappelant ces deux idées, finit par s'incorporer en quelque sorte dans les mœurs nationales.

Moins les individus qui composent la première classe sont nombreux proportionnement à la population, plus l'Esprit public, resserré dans des intérêts particuliers, incline vers la création des priviléges ; plus au contraire ils sont dans une forte proportion, plus cet Esprit s'étend et se prononce pour des institutions qui soient d'un intérêt général.

Cette classe, dès qu'elle existe, fait la destinée des états ; et c'est alors l'Esprit public qui produit les différentes sortes de régimes auxquels les peuples sont soumis, il cause également les modifications qu'avec la suite des tems ces régimes peuvent recevoir, et c'est en lui qu'on découvre ce que Montesquieu a appelé le principe des gouvernemens, c'est-à-dire ce sentiment dominant qui doit déterminer leur action, et auquel ils doivent avoir soin de rapporter les institutions et les lois.

Le savant auteur établit ce point fondamental que chaque gouvernement a son principe, et il distingue avec une rare sagacité la *vertu politique* ou l'amour de l'égalité comme étant le principe du gouvernement républicain, *l'honneur* du monarchique, et la *crainte* du despotique. L'on voit sans peine combien ces sentimens ont de force dans les états où il les remarque, mais il ne satisfait point pleinement, parce qu'il ne pénètre pas jusqu'à leur cause qui n'est autre que la proportion dans laquelle les citoyens concourent à former l'Esprit public, ou que l'absence totale de cet Esprit. En effet, ceux qui participent à sa formation étant très-nombreux dans la république, leur intérêt n'est plus que l'intérêt général lui-même, il acquiert par là d'excellentes qualités, exigeant qu'une équité sévère, égale pour tous, soit une règle invariable, et ses

bonnes dispositions peuvent être appelées vertu;
dans la monarchie où beaucoup moins d'individus concourent à cette formation leur intérêt
souvent est un intérêt séparé, il demandera
des distinctions, voudra des priviléges, et sera
très-sensible à cet honneur qui subsiste de préférences et d'égards; quant à l'état despotique
il y règne un éternel silence, l'Esprit public
n'est que la volonté du maître, et l'on ne rai-
sonne sur les actes de l'autorité qu'en se livrant
à l'insurrection, ce gouvernement imparfait, que
virent naître des tems de barbarie, a besoin de répandre la crainte, elle s'étend partout.

Dans les deux premières sortes d'états, le gouvernement, s'accordant avec l'Esprit public, est
donc appuyé sur des hommes habitués à des sentimens de vertu ou d'honneur; et dans la der-
nière où cet Esprit n'existe pas, il n'a que des
esclaves auxquels il faut inspirer la crainte, seul
moyen d'être obéi d'hommes qui n'ont aucune
persuasion sur la justice et l'utilité de ce qui est
exigé d'eux.

D'autres ont soutenu depuis que l'amour du
pouvoir était le principe des gouvernemens en
général; mais cette prétendue rectification est
sans importance, car le moyen d'obtenir le pouvoir sera toujours subordonné au caractère de

l'Esprit public, et ceux qui désireront en acquérir sauront bientôt qu'il faut avoir beaucoup de
cette vertu dans le gouvernement républicain,
de cet honneur dans le monarchique, et de cette
obéissance servile qu'enfante la crainte dans le
despotique, parce que ces sentimens y disposent
favorablement ceux qui donnent le pouvoir.

Ainsi, lorsqu'un grand concours des individus
qui composent l'état forment l'Esprit public, il
en résultera des institutions dont le but sera l'a-
vantage de tous, car le sentiment qui domine
par rapport au gouvernement, et doit en être le
principe, est la vertu politique, c'est-à-dire la
volonté de ce grand nombre d'individus, tournée
vers le bien général et l'égalité des droits aux
avantages sociaux. Si ces individus, au contraire,
sont dans une faible proportion, ils aimeront
une monarchie avec ses institutions privilégiées,
et le sentiment dominant est l'honneur, c'est-à-
dire la volonté d'un petit nombre, tournée vers
des distinctions et des préférences ; de l'absence
totale d'Esprit public il résulte le despotisme
dont les institutions ne se rapportent qu'à un
seul, et le sentiment qui domine est la crainte
qu'inspire à tous la volonté d'un homme exerçant le pouvoir sans contradiction et sans limites. Entre ces trois principales formes des gou-

vernemens, on conçoit qu'il doit y avoir beaucoup de modifications possibles, d'où il naît une grande variété de régimes divers se rapprochant plus ou moins de l'une de ces formes.

L'Esprit public, même le plus développé, quoiqu'il offre la meilleure garantie contre les abus et les erreurs des gouvernemens, étant formé par des hommes, demeure sujet aux dé-fauts et aux passions dont l'esprit et le cœur de l'homme sont susceptibles; il peut par consé-quent se tromper et peut aussi se corrompre. Dans le premier cas il parviendra à s'éclairer, mais corrompu, c'est la pire chose du monde; lorsque nous voulons insulter un ennemi, dit Luitprand, nous l'appelons Romain, ce nom seul exprime ce que la luxure, le mensonge et tous les vices ont de plus effréné. Dans quelle dégra-dation étaient-ils tombés, ces anciens maîtres du monde! et qu'était devenu cet empire qu'avaient honoré tant d'hommes pleins d'un patriotisme austère, tant d'illustres guerriers, tant de beaux génies! Exemple redoutable qui atteste que les peuples, quelque haut que soit montée leur gloire, ne sont pas à l'abri de ces lentes catastro-phes où s'anéantissent à la fois les gouvernemens, les états et la civilisation, quand l'orgueil humain n'eût jamais cru qu'un tel désastre fût possible.

Que de concert les gouvernemens et les peuples soient donc attentifs à conserver la morale publique qui est la vie des états! Qu'est-ce que la civilisation si, en éclairant les hommes, elle n'ennoblit aussi et ne purifie leurs cœurs? L'esprit avec toutes ses ressources, s'il est joint à des ames dépravées, que peut-il enfanter de bon? Quelques dehors brillans ou quelques fausses vertus, par un reste de pudeur qu'on ne saurait abjurer; mais loin du grand jour, on ne rougit d'aucun vice, on ne s'effraie d'aucun crime.

CHAPITRE II.

Du Développement de l'Esprit public.

Les anciens peuples prenaient ordinairement part aux délibérations concernant les lois ou les intérêts de l'état, et l'on voyait chez eux des assemblées fréquentes, où ces grandes questions étaient soumises à des discussions solennelles si favorables au développement de l'Esprit public; mais on ne connaissait pas la distinction des deux

classes dont nous venons de parler, et quoiqu'une multitude d'esclaves, qui étaient chargés
des travaux les plus pénibles, parussent la rendre
moins nécessaire, il résultait encore de cette im-
perfection les plus grands abus auxquels on s'ef-
forçait de remédier par la manière de diviser et
de recueillir les suffrages.

Dans les tems qui suivirent l'envahissement de
l'empire romain par une foule de peuples devant
lesquels s'enfuyait toute civilisation, ces assemblées fréquentes et ces délibérations ne se re-
nouvelèrent pas. Mais l'exercice des facultés
morales conduit à observer quel est le rapport
du régime sous lequel on vit, avec la sûreté per-
sonnelle, le bonheur de la famille, la jouissance
des propriétés, et fait qu'après des siècles un
grand nombre de citoyens s'occupent des questions qui sont du ressort de l'Esprit public en
portant leur attention sur ce qui concerne l'administration et le gouvernement ; c'est ce qui a
eu lieu en Europe dont les états se sont formés
à la suite des invasions faites par ces peuples que
vomit la Germanie.

Du milieu de ces conquérans les différens chefs
se distinguaient au moins par l'habitude du commandement, ils étaient aussi plus intéressés au
maintien de l'ordre, et formant dès-lors un fai-

ble Esprit public qui préserva du pouvoir absolu, ils conservèrent sur leurs soldats devenus ci-toyens une autorité limitative de la souveraineté laissée au plus puissant d'entre eux, d'où dériva cette règle générale que ceux qui étaient sous le commandement militaire se trouvaient sous la juridiction civile. Le rang et l'autorité passèrent aux enfans réputés faire revivre la supériorité qui distinguait leurs pères, et cette supériorité hérédi-taire produisit d'étranges différences. Les ancien-nes lois françaises, touchant la punition des crimes, statuaient que le Noble perdrait l'hon-neur et réponse en cour, pendant que le Vilain, qui n'avait point d'honneur, serait puni en son corps ; sous Philippe-Auguste, la même loi qui, pour imprécation, ne condamnait les nobles qu'à une amende, voulait que les roturiers fussent noyés ; et le prince de Galles, surnommé le prince Noir, doué de rares qualités, la fleur de la chevalerie, laissait de sang froid au sac de Limoges égorger tous les habitans, vieillards, femmes, enfans, et ne ressentit émotion d'huma-nité qu'à la vue de quelques chevaliers qui se dé-fendaient avec courage et auxquels il sauva la vie, tant était grand le mépris que l'Esprit de ces tems avait pour des peuples ignorans et pleins d'une rudesse sauvage.

Au sein du chaos que présentait l'Europe, où se heurtaient une foule de nations régies sans limites marquées entre les pouvoirs, et soumises à un mélange confus de lois et de coutumes souvent absurdes ou cruelles, il s'établit donc un ordre de choses tout fondé sur des priviléges en faveur de ceux qui, moins grossiers, s'appelèrent Gentils et Nobles. Les hauts rangs du clergé, occupés par eux, participèrent aux délibérations de l'Esprit public comme aux avantages qui en découlent, et cet Esprit ainsi formé domina, sans rivalité, sur des états qui, pour l'ordinaire, offraient un bien triste spectacle, et il régna longtems avant que le reste de la nation, les Vilains les hommes de néant fussent dignes d'y concourir, ou songeassent à s'en occuper : ils furent pourtant protégés quand on avait besoin d'eux, et quelquefois ceux qui exerçaient la première autorité favorisèrent l'essor des libertés publiques, afin d'y trouver un appui.

Cependant avec le tems la grossièreté se polit, les fortunes changent de maîtres, une classe que pour un instant nous appellerons moyenne s'est formée, des vérités touchant le régime de l'état se répandent, un nouvel Esprit se propage, et les anciennes maximes politiques font place à d'autres ; ceux qui tiennent alors les rênes des gouvernemens doivent être bien convaincus que ces grands changemens qu'amène enfin la civilisation sont des règles auxquelles il faut obéir, et que ne pas s'y soumettre c'est s'obstiner à maintenir un ordre devenu contraire à l'état naturel des choses, et s'exposer à des périls inévitables. Locke, chargé de rédiger un Code de lois pour la Caroline, ne voulait pas qu'il subsistât au delà d'un siècle.

Ces changemens étant arrivés, le nouvel Esprit fera d'abord des attaques qui auront peu de succès; mais les difficultés ne le rebuteront pas, et ses réclamations seront répétées d'une voix de plus en plus menaçante, car il verra s'accroître chaque jour le nombre de ceux qui participent à le former, et ayant pour lui cette raison d'égalité qui frappe si vivement les ames, il ne manquera pas de chercher un soutien dans la classe inférieure qu'il endoctrinera sans peine.

L'orage peut encore être dissipé; mais on doit se hâter, car, plus on retardera, plus les prétentions deviendront exigeantes. Pour assurer le retour de la paix, il faudra que le nouvel Esprit obtienne, avec l'abolition des priviléges les plus onéreux, l'avantage d'avancer ses intérêts à côté de ceux qui sont en première ligne, et le droit de les défendre dans les conseils du gouvernement.

L'harmonie va se rétablir, le système d'administration subissant les modifications auxquelles
l'assujétit son principe désormais fondé sur des
intérêts plus généraux, des carrières réservées
pour un petit nombre de privilégiés vont s'ouvrir
à quantité de nouveaux et dignes concurrens, les
inégalités des lois civiles et pénales vont dispa-
raître, et comme ce n'est qu'à l'aide de chargés
de pouvoir que les arrangemens ont été faits, et
peuvent être maintenus, on sera conduit naturellement et sans secousse au gouvernement représentatif vers lequel tend la civilisation.

Si la prudence n'a pas été écoutée, une lutte
s'engagera, lutte inhumaine dont les effets diffé-
reront principalement, suivant la part que la
classe inférieure pourrait y prendre d'après la
résistance de l'ancien Esprit. Celui-ci ayant suc-
combé, résultat infaillible si les choses étaient
arrivées à leur maturité, et lorsqu'on aura su évi-
ter ou surmonter les attaques d'états voisins que
cette réforme avait alarmés, un gouvernement
parviendra à s'établir, qui sera puissamment se-
condé, pourvu qu'il promette l'ordre et la tranquillité. Il trouvera le nouvel Esprit conciliant
après tant de mauvais jours; mais, s'il abusait de
sa facilité pour lui imposer une direction forcée,
si, oubliant que c'est de cet Esprit que sont ani-

més ceux qui maintenant composent en grande majorité la première classe, il se montrait disposé à faire revivre l'ancien, ce gouvernement quelque fort qu'il parût n'aurait pas une solidité durable, et l'opinion se relevant lui ferait bientôt connaître, malgré les séduisantes espérances dont elle aimait à se flatter, qu'elle s'est éloignée de lui.

CHAPITRE III.

Du Gouvernement représentatif.

Les lumières qu'apporte la civilisation s'étant dirigées vers le gouvernement et l'administration de l'état, ont produit le grand accroissement de la première classe, et quelques rayons pénétrant parmi les citoyens qui sont demeurés dans la seconde, beaucoup d'entre eux instruits sur les points qui les touchent le plus sont devenus aptes à prendre part à l'administration des localités.

Quant un petit nombre de Nobles formaient l'Esprit public, riches, puissans, consultés par les princes, ils pouvaient défendre eux-mêmes leurs intérêts et délibérer sur ceux de l'état, alors il n'était pas nécessaire que l'Esprit public fût représenté ; mais, quand un grand nombre d'individus participent à sa formation, ils sont forcés d'avoir recours à des mandataires, et le système de l'Esprit public représenté s'établit. Un ordre privilégié et héréditaire ne fera plus la division des deux classes, on choisira pour cet effet une situation civile qui soit accessible à tous ; il n'est pas possible sans doute que cette situation, condition d'où dépendra l'aptitude légale, offre une exactitude rigoureuse, il suffit qu'en fondant la présomption d'intelligence elle doive aussi être regardée comme un garant de l'intérêt qu'on porte au bien de l'état, et qu'elle soit telle que ceux qui ont la capacité réelle puissent facilement se placer dans les rangs de cette première classe qui fut une aristocratie, mais qui cesse de l'être, ses droits n'étant plus que la loi commune, parce que tous sont appelés à les posséder.

L'on s'avance ainsi vers le développement complet du gouvernement représentatif ; car on conçoit bien que ce nom n'indique pas la voie que suit le gouvernement, ni quel principe le dirige, il apprend seulement qu'une certaine partie des citoyens ont la prérogative d'élire des députés qui forment l'un des pouvoirs entre lesquels est partagée l'autorité souveraine; mais la différence est extrême, suivant que ces députés représentent une grande ou une faible partie de la nation. L'opinion et les intérêts des électeurs étant seuls représentés, la condition qui attribue cette qualité et fait la séparation légale des deux classes, est donc la base sur laquelle roule tout le système, et quand la première est assez nombreuse pour que ses intérêts ne soient plus que les intérêts nationaux, ceux de la seconde s'y confondent, et se trouvent jouir aussi de l'avantage d'être représentés. Mais si une loi d'élection, en formant une première classe arbitrairement circonscrite, y concentrait le droit de nommer des députés, la démarcation légale contredirait la démarcation réelle, l'Esprit public serait joué, la société troublée et le gouvernement compromis; comme il est évident qu'en attribuant ce droit à tout le monde, sans en excepter ceux qui sont incapables d'en user, il en résulterait d'autres inconvéniens qui pourraient amener la destruction de l'ordre social.

C'est en Angleterre que le gouvernement représentatif a pris naissance, et ce ne fut pas une conquête de l'Esprit public; on le doit au besoin d'argent que ressentit le chef de l'état ; car dans ce pays la plupart des améliorations sont plutôt dues à des motifs d'intérêt personnel qu'aux vues d'une politique éclairée. On ne consultait que les grands Tenanciers de la couronne, mais dans la nécessité d'augmenter les subsides on eut recours aux commerçans, aux bourgeois, et l'on convoqua des députés qui furent choisis par les cités et les bourgs. Ils donnèrent ce que l'on désirait, cet heureux essai ne fut pas mis en oubli, et l'on s'empressa d'adopter un précédent si utile ; ils furent donc régulièrement convoqués, et leur don se monta ordinairement à un tiers de plus que celui qu'offraient les Grands-hommes de la terre, comme sont désignés dans les registres du parlement les membres de la chambre haute. Peu à peu les petits hommes des communes s'enhardirent, et portèrent leurs regards sur les diverses branches de l'administration, on les laissa faire parce qu'ils tenaient les cordons de la bourse où l'on puisait ; dans la suite, les embarras pécuniaires et des insurrections fréquentes, engageant à rechercher l'affection du peuple par celle de ses représentans, les hommes que d'abord on n'avait trouvés bons qu'à donner leur argent acquirent par degrés un rang important dans la législature, et ils parvinrent à faire s'établir comme une règle inviolable, que les impositions et généralement tout ce qui toucherait leurs intérêts ne pourrait être ordonné que de leur consentement, ce qui devint une arme redoutable dont on a su faire usage dans les tems postérieurs.

Ce droit de représentation, quels que fussent les motifs de son origine, a eu l'effet de donner une vive satisfaction au nouvel Esprit qui s'est insensiblement formé dans l'élite de la seconde classe, et de lui faire affectionner sa constitution et ses lois. Fier de cet avantage, que lui enviaient les peuples de l'Europe, il a cru long-tems avoir assez obtenu, et malgré ses fréquens emportemens, resté soumis à l'ancien Esprit que soutient une aristocratie puissante et opiniâtre, il trouve une distraction aux déplaisirs que ce joug lui cause dans les bénéfices d'un commerce fait avec l'univers, et s'abusant non sans orgueil au faux éclat d'une trompeuse liberté, il se flatte qu'il n'existe pas dans le pays une grande inégalité d'influence et de droits, lorsqu'il a vu quelques actes ridicules ou des excès indignes d'une nation civilisée. Le système représentatif s'est donc peu développé ; et l'aristocratie a su s'approprier en majeure partie l'exercice du droit d'élection, avec d'autant moins de difficulté que l'état fut long-tems déchiré par le fanatisme d'une foule de sectes, et que les esprits furent entièrement livrés aux fureurs des disputes religieuses.

Aussi la forme du gouvernement anglais a-t-elle été accusée, par quelques publicistes, de renfermer le germe des plus déplorables abus; ils ont cité le règne de Henri VIII, qui trouva dans le parlement un instrument docile à toutes ses volontés, quelque odieuses, quelque barbares qu'elles fussent, et ils en ont tiré cette conséquence, que le prince peut trop facilement parvenir à disposer de l'autorité des chambres, et sous leur manteau entreprendre ce que dans une monarchie pure aucun roi n'eût osé tenter.

Ce n'est pas attaquer le système représentatif en lui-même, mais raisonner dans les circonstances où se trouvait le gouvernement anglais au tems de Henri VIII. Le roi sut se faire attribuer une autorité excessive par une aristocratie de cour qu'entraînaient quelques intérêts particuliers, et qui n'eut pas la force de résister aux faveurs ou aux menaces d'un homme violent et sanguinaire qu'elle habitua à ne prendre pour règle que ses caprices, en lui montrant la plus basse servilité. Ces faits prouvent que le gouvernement représentatif, lorsqu'il est appuyé sur un Esprit peu développé, garantit mal de la tyrannie du prince.

En effet, la représentation , qui est toujours ce qu'est le corps représenté, lorsqu'il n'y aura eu que des courtisans à y procéder, aura un esprit et un caractère de courtisans; et comme il n'est pas douteux que le gouvernement n'acquière de la force par le concours d'une assemblée représentative quelle qu'elle soit , Henri VIII trouvant une représentation soumise, eut la faculté de faire ce que probablement sans parlement il n'aurait pas exécuté; faculté d'où sont sorties ces horribles et longues discordes auxquelles l'intolérance a livré ce malheureux pays , et exemple funeste pour Charles Ier, sous le règne duquel le parlement moins timide au lieu d'obéir sut combattre et vaincre.

Ce mot de gouvernement représentatif n'exprime donc rien de précis, à moins que de faire connaître quel est l'Esprit représenté, et l'on voit la grande différence qu'il y aura surtout entre le gouvernement représentatif dans un pays où l'Esprit public sera celui d'une aristocratie qui voit l'état dans les priviléges dont elle jouit, et le gouvernement représentatif là où l'Esprit public développé ne reconnaîtra pour guide que les intérêts nationaux; et même dans ce dernier cas il y aura beaucoup de différence encore suivant que, d'après les conditions imposées à la qualité d'élec

teur, l'Esprit public sera bien ou mal représenté;
le défaut, il est vrai, ne pourrait pas être de
longue durée.

CHAPITRE IV.

De l'Esprit public français.

Lorsque de grands événemens eurent en France
fait tomber les rènes de l'état entre les mains de
la Restauration, elle trouva que l'Esprit public
avait pris trop d'accroissement et de force pour
qu'elle songeât à s'écarter des formes du gouvernement représentatif; mais ce gouvernement rap-
pelait de pénibles souvenirs, on s'y résignait par
nécessité, on s'efforça de le dénaturer, et l'Esprit
en crédit sous l'ancienne monarchie se ranimant
malgré son effrayante défaite crut retrouver des
forces, et se flatta de voir naître encore quelques beaux jours.

Pendant qu'au milieu de l'agitation l'Esprit
public tâchait de se recueillir, deux partis qui se
jugèrent irréconciliables divisèrent les chambres,

et dans la crainte de faire un choix, les différens
ministères se ménageant la ressource de les ba-
lancer l'un par l'autre, y cherchèrent alternati-
vement un appui, suivant l'objet dont il s'agissait.
Enfin, après un infructueux mouvement de bas-
cule qui avait fatigué les ressorts de l'administration, un ministère, redouté comme ennemi des
institutions établies, devint le dépositaire du pouvoir, et osa se déclarer.

L'opinion bientôt se rallia, et, indignée, fit
entendre sa voix formidable; un petit nombre
prit les armes, mais il était appuyé de cette insurrection morale qui s'était propagée de la capitale à la plus faible cité, et fut une imposante
manifestation de l'Esprit public; la victoire ne
put méconnaître cet immense contrepoids, elle
accourut du côté qui l'avait pour lui, et cou-
ronna une poignée de braves dont le triomphe
inouï ne fut dû qu'à cette cause, tandis que les
trois générations dont se composait la famille ré-
gnante, se hâtant successivement de descendre
du trône, gagnèrent en silence la terre de l'exil.

Tous ceux qui s'étaient mêlés de la direction
des affaires avaient prétendu édifier en dehors de
la nation, par là le gouvernement entier était
resté séparé d'elle, et conservant l'empreinte des
armes étrangères; aussi la rupture fut soudaine,

une puissance factice s'écroula sans fracas et sans laisser trace de ruines.

Dans ces journées pleines d'une si haute instruction, auxquelles avaient intrépidement pris part tant de citoyens appartenant à la seconde classe, et quand on avait lieu d'appréhender les suites de la victoire, la plus sérieuse affaire fut la conservation de l'ordre public. Le prince qui règne aujourd'hui consentit à donner une prompte garantie qu'on pouvait désespérer de trouver ailleurs ; et la France fut au devant de celui dont elle recevait un si précieux bienfait ; car à quel excès de maux n'était-elle pas exposée si la discorde avait éclaté dans son sein ? Le pouvoir fut remis et accepté au milieu des transports d'une heureuse espérance, tout reprit son cours, et la tranquillité de l'état ne fut troublée nulle part.

L'ancienne Charte reçut d'utiles modifications, mais cette réforme et les autres corrections qui s'en sont suivies, ne produisant pas tout ce qu'on attendait, les esprits se sont vivement reportés vers les institutions ; on les eût voulues telles que le bonheur et la paix de la France fussent désormais à l'abri de ces attaques si souvent renouvelées sous le gouvernement qui venait de s'écrouler. Quelques-uns alors ont avec chaleur prétendu que la chose était impossible tant qu'on aurait une royauté, et que la république était le seul gouvernement où ce bonheur pût être solidement établi ; ces affirmations ont trouvé accès auprès d'hommes qu'elles ont séduits, et des faits d'une telle gravité ont eu lieu, que l'on peut juger à quel point l'entraînement a été porté.

Répandre la clarté sur cette question, c'est élever des obstacles à ce qu'il arrive de nouveaux malheurs ; et si l'on ne trouve pas qu'il y ait dans cet essai la force, l'étendue et le talent nécessaires pour bien atteindre un but si désirable, il aura du moins indiqué d'utiles vérités qui seront un jour enseignées d'une voix plus digne d'elles.

CHAPITRE V.

De la République.

Cette question de république renferme plusieurs points qu'il est important d'éclaircir, car tous ceux qui se disent républicains ne partagent certainement pas les mêmes idées touchant la république, et avant de songer à l'établir, il faudrait s'entendre sur ce qu'elle doit être.

D'abord on est forcé d'admettre qu'en France, malgré l'accroissement de l'Esprit public, une grande partie des citoyens sont incapables de concourir à sa formation, et ne peuvent ni ne désirent prendre part en aucune façon au gouvernement de l'état; l'intrigue seule tournerait à son profit leur incapacité ou leur indigence, et ce serait un singulier progrès que de soumettre la société à de telles décisions, voulant que toujours le nombre l'emporte sans qu'on ait égard aux qualités de ceux dont il est formé. Ce n'est pas ainsi qu'il faut comprendre la souveraineté du peuple, qui, n'étant que celle de l'Esprit public, doit toujours être le meilleur moyen d'arriver à la souveraineté de cette raison plus ancienne, comme s'exprimait l'un des grands génies de Rome, que les sénats, les villes et les peuples. En conséquence, on conviendra que, dans la république à établir, il faudra nécessairement que les citoyens soient divisés en ces deux classes réelles et naturelles dont nous avons parlé; ensuite, on accordera que ceux qui ont droit d'être de la première étant beaucoup trop nombreux pour qu'ils puissent se réunir et se livrer eux-mêmes à des délibérations, ils seront en conséquence obligés d'avoir recours à des députés.

Ces deux points étant convenus, et ils ne souffrent pas de contradiction, il s'ensuit que la république ne peut être établie que sous la forme d'un gouvernement soutenu et dirigé par l'Esprit public représenté, c'est-à-dire que sous la forme du gouvernement représentatif. Un républicain sincère doit donc éprouver quelque satisfaction, en étant convaincu que déjà la France possède cette première et essentielle forme de gouvernement sous laquelle la république peut seulement y être constituée.

Mais, objecte-t-on, si cet Esprit est mal représenté, si le droit d'élection n'est en France accordé qu'à une partie de ceux à qui il devrait appartenir, n'a-t-elle pas des motifs pour craindre qu'on n'ait le dessein de lui infliger un système de représentation à l'anglaise et d'essayer un retour vers le privilége ?

Cette imitation serait impraticable ; on ne doit pas oublier la manière dont le régime représentatif s'est établi en Angleterre, et la grande différence qui se trouve par conséquent entre la situation de ce pays et celle d'un autre où le même régime a été la conséquence du développement d'un nouvel Esprit public. L'aristocratie anglaise est encore puissante quoique étant sur son déclin ; il n'y en a plus parmi nous, et elle n'y peut renaître. En supposant donc qu'actuellement

l'Esprit public ne fût pas fidèlement représenté,
il en résulterait pour un tems des contradictions,
mais en France, où aucun gouvernement ne
pourrait se passer de lui, le gouvernement qui
lui doit l'existence ne le peut vouloir tenter ; or
trop de citoyens participant à sa formation il est
devenu impossible de lui faire prendre un caractère aristocratique, et de cette impossibilité il
résulte que le gouvernement se trouve dans l'o-
bligation de prendre pour appui le seul Esprit
qui puisse exister.

L'accord ayant lieu, et les choses étant dans
cette situation nécessaire, les développemens du
gouvernement représentatif vont s'effectuer con-
formément aux vœux de l'Esprit public, et il faut
avouer que, formé par trop d'individus pour
prétendre au privilége et composer une aristocratie, il prend le caractère de cet Esprit que nous
avons vu être le principe du gouvernement républicain. Mais on doit considérer que, bien qu'il
ait rejeté le système rétrograde de l'ancien gouvernement, il n'a pas prouvé par là qu'il eût la
volonté et les qualités nécessaires pour des développemens parvenus à leur plus grande exten-
sion, et il faut reconnaître encore que la seconde
classe ne change pas ses anciennes mœurs subi-
tement et sans trouble ; aussi le gouvernement

représentatif, même sans aristocratie, admet-il des combinaisons diverses et des institutions plus ou moins livrées à la participation générale.

Un Esprit public assez développé pour rejeter une classe privilégiée, ne suffit pas toujours pour engendrer ces premières institutions, c'est seulement lorsqu'il est très-répandu, et depuis long-tems élevé à un haut degré de lumière et de force, qu'il le peut faire avec avantage. Alors les lois, les mœurs, les usages, tout se rapporte à la chose publique, et ce n'est que par le dévouement pour elle qu'on obtient les regards, l'estime, les emplois, la gloire; ce qui crée une parfaite république, indépendamment des différences qui, en divers pays, se rencontreraient relativement au pouvoir exécutif, différences qui tiennent au caractère particulier de chaque peuple et ne changent pas la nature du gouvernement, qui sera la même, que l'on ait jugé à propos de confier les soins d'exécution aux mains d'un individu ou de plusieurs, et dans aucun cas ce pouvoir, croyant échapper à la loi, ne s'écarterait de son principe sans exciter à l'instant des orages dont il serait renversé.

Que dans un état, au contraire, où un faible concours d'habitans forment l'Esprit public, ils aient, dans un transport d'amour pour la liberté, proscrit les rois et créé des consuls, on aura beau l'appeler république, le privilége saura bientôt s'y introduire avec les abus et la tyrannie, qui vont à sa suite; il deviendra ce qu'ont été Gênes, Venise, et toutes les républiques de l'Italie moderne, où la république était de nom et le despotisme d'effet entre les mains d'un petit nombre. Qu'eût servi de vouloir y établir des institutions républicaines et faire coopérer à la marche du gouvernement des gens indifférens ou incapables? qu'en attendre? et que pouvaient-ils donner de mieux? L'anarchie ou le pouvoir absolu exercé par un seul. Ce n'est pas un vain décret qui fonde la république dans un pays, ce sont les qualités de son Esprit public.

Puisque ce sont en France les qualités de l'Esprit public qui doivent déterminer quels seront les développemens du gouvernement représentatif, quand cet esprit demande des institutions qui, reposant sur un rigoureux droit d'égalité, ne soient pas fondées au bénéfice de quelques intérêts particuliers, ne s'ensuit-il pas qu'il a de l'éloignement pour la royauté, même étant circonscrite dans les limites constitutionnelles, et qu'il la voit avec peine à la tête du gouvernement? C'est incontestable, dit celui qui se déclare pour l'affirmative; l'Esprit public est ennemi de tout privilége, on en convient , et cette place n'en attribue-t-elle pas qui sont extrêmes ? La question est donc résolue.

Elle ne l'est pas , au moins par ce motif, car personne n'ignore que les lois les plus générales sont susceptibles de restrictions qui n'ont lieu que pour mieux assurer l'accomplissement du principe même qui les a fait porter. Il se pourrait donc faire qu'un Esprit public , détestant le privilége , sentît le besoin d'une exception , qu'il dût juger cette royauté privilégiée nécessaire au bien général , étant propre à éloigner les dissentions civiles autant que les hasards d'une guerre étrangère , et qu'il l'adoptât comme une institution amie , intéressée à avoir sa confiance, et soigneuse de la mériter.

Maintenant y a-t-il lieu de croire que l'Esprit public en France admet cette exception , et juge qu'elle convient aux besoins du pays? Pour arriver à une bonne solution , il est à propos d'exposer franchement les reproches qu'on peut faire à la royauté , et ce qu'on y peut répondre.

CHAPITRE VI.

De la Royauté constitutionnelle; sa Cour, son Irresponsabilité, son Hérédité.

———

Comment l'Esprit public français, dit–on,
pourrait–il, en admettant un roi, se concilier avec
ces trois choses, une cour, l'irresponsabilité et
l'hérédité?

Le premier reproche est adressé, parce qu'à l'i-
dée de royauté s'unit ordinairement celle d'une
cour. Cependant cette cour peu regrettable, telle
que la montre le passé, on la chercherait aujour-
d'hui sans la pouvoir trouver; la France assuré-
ment n'a pas de goût pour ces courtisans de mé-
tier, habitués à vivre aux dépens d'un maître
qu'ils trompent et qu'ils font haïr; mais elle n'a
plus de maître, elle ne voit plus cette cour, et
n'appréhende rien des courtisans, le tems est
passé, et son Esprit public ne peut craindre des
ennemis qu'il a flétris.

Quant à l'irresponsabilité, on l'accuse d'être
une source des plus coupables tentatives, puisque

derrière ce bouclier, un individu, revêtu d'une grande puissance, peut impunément s'abandonner à toutes ses volontés, n'ayant rien à craindre, quels que soient ses actes ou la séduction qu'il emploie pour faire agir les autres. On répond que ses agens sont responsables, et que la crainte chez eux met le roi dans l'impossibilité d'agir, s'il voulait une injustice. C'est se contenter, réplique-t-on, d'une bien faible garantie, car combien ne s'en trouvera-t-il pas qui se flatteront d'échapper au châtiment ? Le plus coupable, d'ailleurs, étant impuni, renouera ses complots, et de nouveau troublera la société qui, n'ayant contre lui aucun moyen de répression, demeurera exposée, après avoir vu ses institutions abolies ou faussées, à tomber enfin sous le pouvoir arbitraire ; l'Esprit public peut-il avoir tant de résignation ?

L'Esprit public ne se croit pas tellement faible ou facile à abuser, qu'il ne soit convaincu que, si des actes du gouvernement sont de nature à ce que la responsabilité soit encourue, celle des agens s'effectuera, quelle qu'ait été l'influence qui les a déterminés; rien ne les en pourrait préserver, ils subiront la peine que les lois ont portées, et la puissance royale ferait, pour les y soustraire, des efforts inutiles; elle les abandonnera, comme l'atteste l'Esprit aristocratique d'un pays voisin, craignant de s'exposer elle-même et de trop mettre en lumière une participation qui devait rester ignorée.

La responsabilité des agens satisfait suffisamment un Esprit public développé, parce qu'il connaît qu'il est assez fort pour n'avoir pas à redouter les effets passagers d'une mauvaise influence ; il n'excepte qu'un seul cas, c'est lorsque les actes auraient eu pour but de renverser l'ordre constitutionnel et d'asservir le pays, la participation du chef du gouvernement devient trop manifeste, et l'honneur de l'état, comme sa sûreté, peut commander que la responsabilité s'étende. Cependant alors même elle n'est pas cruelle, et d'autant moins que l'Esprit qui l'exige a plus de confiance en sa propre force ; mais les cas de la responsabilité du monarque sont bien plus nombreux dans les gouvernemens qui s'appuient sur un Esprit aristocratique, la faiblesse, l'incapacité, la mauvaise administration, quelques intérêts personnels, en deviennent souvent des causes : c'est ce dont l'histoire fournit des exemples fameux, et toujours cette responsabilité fut mise à exécution sans avoir été insérée dans les Chartes, tant la force des choses est puissante.

C'est donc en vain que ceux qui ont le pouvoir

feront écrire leur irresponsabilité dans les termes les plus formels; un tel privilége n'est pas donné à l'homme, et cette déclaration, ils le savent bien, ne les sauvera pas au moment du danger; partout et toujours ils ont été soumis à la responsabilité. Les Mérovingiens en furent atteints lorsque, fatigués de l'anarchie, les principaux Nobles et Evêques déclarèrent Childéric déchu de la royauté, ordonnant qu'il serait rasé et renfermé dans un cloître; à leur tour, les descendans de Charlemagne en ressentirent les effets lorsque l'Esprit public d'alors se sépara d'une race dégénérée qui ne méritait plus ni son attachement ni son estime. Toutes les nations et toutes les époques la montrent; en Angleterre les Plantagenet, les Lancastre, les Yorck, les Stuart, témoignent d'elle, malgré les sauve-gardes du gouvernement représentatif aristocratique; Louis XVI en fut frappé dans une tourmente; Charles X, environné de nombreux défenseurs, n'a pu s'en garantir; et le Nouveau-Monde ne l'a-t-il pas déjà vue? Les accidens diffèrent, et les résultats sont moins grands lorsque l'Esprit public est peu formé; mais l'Esprit de l'aristocratie n'est pas le moins exigeant; que de fois il a maltraité les rois! et les causes de leur responsabilité se multipliant, la font bien plus redoutable.

La France est donc rassurée, la responsabilité parle d'une voix menaçante, et est ce qu'elle peut être ; en effet, croirait-on que dans un pays où celui qui occupe la première place aurait jugé qu'il trouvera peu d'obstacles à changer les formes constitutionnelles, et se serait laissé prendre aux dangereuses amorces du pouvoir arbitraire, il lui importât que sa responsabilité fût écrite dans une Charte ? De quelque nom qu'on l'eût appelé, Roi, Consul ou Président, n'eût-il pas d'avance pris ses mesures pour être en position de n'avoir pas de compte à rendre ? Un Esprit public est bien peu éclairé quand il ignore que, pour le maintien de ses institutions, il doit moins s'assurer dans un article sur la responsabilité, qu'en lui-même, aidé de ces mêmes institutions.

Mais le principal reproche qu'on fait à la royauté, et auquel se lient les autres, c'est son hérédité appelée droit aveugle qui transmet à un homme incapable, l'exercice des plus hautes fonctions, et accusée de créer un intérêt de dynastie souvent en opposition avec l'intérêt public.

Personne n'oserait sans doute affirmer que de ce droit d'hérédité il ne puisse jamais résulter d'effets fâcheux, la nature n'ayant pas fait paraître qu'elle fût assujettie à ne former dans la famille élevée à la dignité royale que des individus exempts des infirmités et des vices auxquels est exposé le reste des mortels. Cependant la France se ressouvient d'avoir trouvé protection sous cette hasardeuse hérédité dont les défauts disparaissent, lorsqu'elle s'allie avec un régime où l'opinion, régulièrement consultée, dirige le gouvernement; c'est dans celle des chambres, qui est spéciale-ment chargée de la représenter, que les défauts sont à craindre, et c'est là qu'il est important de s'appliquer à les détruire. Quant à l'intérêt dy-nastique constitutionnel, il est naturellement uni à celui de l'état; il ne peut s'en séparer qu'il ne se fasse tort à lui-même, et qu'il ne courre à sa perte, si l'Esprit public a quelque force. Est-il de plus sûre garantie? Enfin, lorsque l'hérédité doit être admise, ce n'est pas comme ne présen-tant aucuns inconvéniens, cette favorable circons-tance se rencontre rarement dans l'application des systèmes politiques, c'est parce que le prin-cipe contraire en aurait davantage. Qu'on regarde la Pologne, qu'on voie dans quels troubles la jeta l'élection des chefs de son gouvernement et la fin où elle l'a conduite!

Mais, pour bien décider sur cette question, il est indispensable de mûrement considérer les mœurs et les habitudes du pays. Il ne donnera pas sa confiance à ce qu'il ne connaît pas; une

Présidence, un Consulat, un Directoire, quel que soit son mode de renouvellement, ne lui offre rien que de vague et d'incertain, ou lui rappelle un passé qui provoque ses soupçons et lui inspire une juste crainte. Il n'est fait ni aux partis, ni aux brigues qu'entraîne l'élection des chefs de l'état; il redoute l'inquiétude qui se répand dans la société où elle s'introduit, et qui blesse une foule d'intérêts; enfin il réclame, pour fruit de ses institutions, la paix, l'ordre, la stabilité; et, s'il a quelques sujets de plainte, il sait aussi les avantages dont il jouit avec la royauté, et doute qu'il les possédât mieux, et avec plus de sûreté, par un changement fait dans cette forme du gouvernement.

L'Esprit public ne se méprend pas sur l'état réel des choses; il connaît ces dispositions, il pèse toutes ces vérités.

On prétendit vainement, en Angleterre, la faire renoncer à son vieux système de royauté; il fallut y revenir, et reprendre, après avoir éprouvé de cruelles agitations, ce mode de gouvernement qu'on avait proscrit.

L'Esprit aristocratique dominait; Charles Ier, qui s'était aliéné l'affection générale par ses mesures irréfléchies et arbitraires, continuait de lever des subsides de sa seule autorité, et annonçait l'intention de gouverner sans le concours du parlement. Les tems étaient changés, celui-ci n'était plus disposé aux lâches complaisances qu'avaient obtenues les Tudor, et sûr dans la circonstance de trouver de nombreux partisans, il résolut de défendre ses priviléges méprisés. Il prit les armes, fit un devoir de l'insurrection, et ne cessait d'accuser son adversaire de papisme, malgré les exécutions des prêtres catholiques, afin de s'attacher tous ceux qui possédaient les biens dont le clergé avait été dépouillé; sachant aussi que le peuple anglais n'avait pas oublié cette Charte humiliante que Jean-sans-Terre avait souscrite avec un archevêque et un évêque, neuf comtes et deux barons, par laquelle, en expiation de ses offenses, il donnait au pape Innocent III et à ses successeurs les royaumes d'Angleterre et d'Irlande, afin de les tenir en fief de lui et de l'Eglise romaine par la rente de mille marcs, qui furent payés pendant plus d'un siècle; et parce qu'il voulait exciter le ressentiment de tous ceux qui regardaient comme un outrage les prétentions de la cour de Rome au droit de s'immiscer dans le gouvernement, jusqu'à déposer celui à qui était confiée la dignité suprême.

Après les sanglantes vicissitudes d'une guerre civile qui dura plus de quatre années, la fortune se déclara pour le parlement, et Charles, vaincu, tomba en sa puissance. Mais un parti, rival de l'aristocratie parlementaire, s'était formé parmi les officiers de l'armée victorieuse; il voulut traiter particulièrement avec le roi, qui, loin de profiter de cette heureuse conjoncture, ne sut que montrer beaucoup d'irrésolution; et l'armée, après une victoire décisive sur les derniers défenseurs de la cause royale, devenant plus ambitieuse, et s'étant imbue de maximes hostiles au pouvoir et à la conduite du roi, détermina sa perte. L'Esprit aristocratique effrayé voulut faire un prompt accord avec Charles et sauver la royauté, à laquelle sa propre existence se trouvait attachée; il était trop tard : le parti qui avait à sa disposition la force des armes, dédaignant la chambre haute, dont il ne reconnaissait plus l'autorité, arrêta ou intimida les membres des Communes, et cette chambre de plus de cinq cents membres, réduite à environ cinquante, nomma une commission qui condamna le roi à porter sa tête sur l'échafaud.

Cette chambre, ainsi mutilée, prononça l'abolition de la royauté et de la chambre des lords, prit le nom de parlement d'Angleterre, et parut concentrer tous les pouvoirs; mais c'était un conseil d'officiers qui prenait les résolutions et les envoyait à la chambre pour qu'elle leur donnât la sanction de son autorité et de son nom. Néanmoins, parce qu'on n'avait plus de roi, ce gouvernement, qui n'était au fond qu'une oligarchie militaire, fut appelé république ; cela suffit pour que plusieurs crussent qu'étant proclamée, ils allaient naturellement jouir des avantages qu'elle promet, et ils s'imaginaient, ne se doutant pas des nombreux devoirs qu'elle impose, que la nation prendrait tout à coup les qualités et les habitudes qui lui sont propres.

Ainsi la royauté fut abattue par une armée dont les rangs supérieurs étaient remplis d'ambitieux sans principes arrêtés sur la forme de gouvernement à établir, tandis que le reste avait adopté des maximes entièrement démocratiques. Mais, dans la nation, la partie éclairée de la seconde classe comprit que ce n'était ni de ces idées mal conçues, ni de ceux qui les prêchaient, qu'elle pouvait attendre un bon gouvernement ; par l'effet de son indifférence, les maximes de ces derniers s'évanouirent devant les talens et l'ambition des premiers qui, après quatre ans d'hésitation, livrèrent l'autorité à leur chef ; et sept ans de protectorat ne s'étaient pas écoulés, qu'après un second essai d'un prétendu gouvernement républicain, tous les pouvoirs, réunis sous l'influence triomphante de l'ancien Esprit public, présentèrent la couronne au fils du dernier roi.

L'aristocratie pensait que la race royale devait être assez instruite du danger qu'il y avait à la braver ; l'exemple pourtant ne suffit pas, et par un nouvel effet de responsabilité, la dynastie rétablie a depuis été forcée de céder le trône à une autre, qu'ont élevée le même Esprit et les mêmes intérêts ; d'où il est facile d'apprécier la célèbre maxime anglaise, *le roi ne peut faire mal*, inventée contre les volontés royales par l'aristocratie à son seul avantage, mais en principe, à celui de l'Esprit public.

On n'a pu de même, en France, être long-tems sans revenir au pouvoir héréditaire, avec lequel on semblait avoir rompu pour jamais.

Un nouvel Esprit s'était formé dans une élite distinguée de la seconde classe, plein de force et de vie il excita un élan prodigieux, et se concilia par la sagesse de ses demandes et la clarté de ses droits, tout ce qui avait un cœur généreux. Bien décidé d'abolir les abus et les priviléges, d'arrêter la dilapidation des finances, et d'obtenir une réforme générale dans l'administration de l'état, il ne songeait pas à renverser la royauté ; mais l'opposition de l'ancien Esprit qui fit éclater la guerre civile, et que soutinrent des armées étrangères, inspira de si vives alarmes, que toute la classe inférieure fut excitée à prendre part au mouvement politique, et à lui prêter l'appui de sa masse redoutable. Elle s'y jeta avec une fougue impétueuse, bientôt ne souffrit plus aucun frein, et méconnut le nouvel Esprit lui—même, qui se trouva faible vis-à-vis de cette multitude égarée, et fut puni d'avoir oublié combien la séparation des deux classes est toujours indispensable.

Par ce débordement, la confusion devint extrême, les desseins que la raison avait conçus disparurent devant des volontés extravagantes ou barbares; un délire démocratique bouleversa la société étonnée, et saisit la puissance souveraine. Le nouvel Esprit persécuté fut réduit au silence. Dans cette crise, voyant l'indépendance nationale menacée par l'invasion étrangère, il courut aux armes, s'élança contre les armées de l'Europe coalisée, ceignit le territoire de soldats victorieux, et trouva à regret au sein même de l'état, des citoyens abusés, qui, sans avoir jamais participé au privilége, s'étaient armés pour le défendre, et replacer à la tête des affaires l'ancien Esprit, sous l'influence duquel il était désormais impossible d'espérer de voir renaître l'ordre et le bonheur public.

Pendant ce tems, le pays entier était mis en un véritable état de siége, il n'était plus régi que par des lois d'exception, et la peur de succomber avait troublé les têtes au point qu'on ne balançait jamais à adopter tout ce que des imaginations enflammées présentaient comme un moyen de sûreté ; on eut recours à toutes les mesures, et l'on inventa la terreur qui couvrit la France de deuil, jusqu'à ce que l'excès même du désordre en précipitât la fin : les yeux se dessillèrent, la raison reprit son empire, et fit ensuite éclore un gouvernement régulier, qui, en rétablissant l'hérédité, eut pour lui le consentement général.

Chose digne de remarque, les deux révolutions ont été ramenées à ce même effet malgré les grandes différences qui les distinguent. En Angleterre, l'Esprit aristocratique se souleva contre les prétentions du roi, et il excita la sympathie de la nation dont les intérêts, dans la circonstance, se trouvaient être liés aux siens ; en France, au contraire, c'est à l'Esprit aristocratique que la guerre fut déclarée par un nouvel Esprit qui, défendant les intérêts nationaux, excita contre le premier une haine générale. L'aristocratie anglaise, quand elle fut attaquée, ne résista point, elle céda, mettant tout son espoir dans sa secrète influence ; l'aristocratie française, qui ne pouvait compter sur son influence, courut se mêler à l'étranger et s'efforça de confondre ses intérêts avec ceux de la royauté et de la religion, n'hésitant point à les lier à sa mauvaise fortune. Sans faire de résistance, l'aristocratie anglaise reprit son pouvoir par la seule force des choses; et l'aristocratie française, qui l'avait contre elle, ne put, malgré ses efforts, reconquérir le sien. L'Esprit aristocratique anglais eut soin de montrer son influence unie à l'intérêt général, et il l'a conservée, quoiqu'elle doive pourtant un jour s'évanouir devant cet intérêt lui-même; l'ancien Esprit français fut renversé par un nouveau, que formaient les nombreux défenseurs de l'intérêt général, et ce nouvel Esprit possède aujourd'hui toute l'influence qui ne lui peut être enlevée. Enfin, dans l'un et l'autre pays, le pouvoir héréditaire a été rétabli par les mœurs nationales, en Angleterre, où l'aristocratie reprenait son influence, et en France, où elle l'avait perdue.

Avec un peu d'attention, l'on s'aperçoit facilement que l'Esprit aristocratique anglais s'est habitué, quand l'occasion s'en présente, à se montrer dans ses paroles un zélé défenseur des intérêts de la nation; il aime à s'autoriser de ce langage, et s'applaudit de se voiler sous cette apparente popularité, ce qui fait voir qu'une opinion nouvelle s'est formée et est assez forte pour qu'on croie nécessaire de la flatter. Cet Esprit est sans doute attaché au bien du pays, mais il connaît les moyens de le faire accorder avec les avantages dont il a la possession exclusive, et si, toutes les fois qu'il a combattu les prétentions imprudentes de la couronne, il a trouvé la nation pour lui, il en sera autrement lorsqu'un Esprit public, plus développé dans la seconde classe, lui demandera raison de tant de prétentions privilégiées, et que la lutte sera établie entre l'intérêt aristocratique et celui de tous les autres citoyens.

On ne disconvient pas que cet Esprit ne soit capable de bien diriger l'administration par rapport à la politique extérieure; il a pu même élever l'état à une grande splendeur, contribuer à faire fleurir le commerce et toutes les industries; il est assez éclairé, enfin, pour vouloir que le pays prospère, puisque c'est lui qui doit en retirer les honneurs et les plus grands avantages; mais quand il s'agit des rapports des citoyens entre eux, de l'égalité de leurs droits sans priviléges héréditaires, de la distribution des bénéfices et des charges de la société sans préférence et sans injustice, ce n'est plus le pays que l'on considère, et l'on sait l'art de nuancer le droit et la vérité, de manière qu'introduits sous leurs noms les abus et l'erreur puissent s'enraciner.

Cet Esprit fut utile, lorsque seul il pouvait surveiller le gouvernement, et il s'est attribué une foule d'avantages pour se récompenser de ses soins; mais quand un nouvel Esprit s'est formé, il trouve que c'est payer ses protecteurs trop cher; il se refuse à les garder au prix de tant de différences outrageantes et de répartitions injustes; il veut à son tour prendre le soin des affaires publiques, se contentant de la glorieuse satisfaction de faire le bien de l'état, et d'en recueillir la juste part qu'il y prendra sans ces inégalités odieuses et héréditaires.

Néanmoins, l'Esprit de l'aristocratie anglaise a reçu du système représentatif des qualités qu'il n'aurait jamais eues sans lui; la représentation des communes quelque faible qu'elle fût en réalité, et des motifs d'opposition dans les deux chambres, ayant fait entendre des réclamations qui ont accoutumé à laisser quelquefois prévaloir des raisons d'intérêt général. Mais cette amélioration n'a fait que préparer un état plus parfait, la raison, l'équité, l'honneur, l'attendent, et l'on doit dire que si l'histoire mentionne scrupuleusement les grands actes, tels que l'opposition du parlement aux volontés royales, elle n'entre pas également dans le détail des oppressions nombreuses que l'aristocratie a fait éprouver au reste de la nation.

En toutes contrées, sous quelques dehors que se cache l'Esprit aristocratique, et quoiqu'il défende les intérêts généraux, lorsqu'ils ne blessent pas les siens, c'est lui et non la royauté qui est intéressé à empêcher le développement de l'Esprit public; l'aristocratie sait bien que ce développement est menaçant pour elle, et que bientôt il la placerait, mais sans distinction, sans privilége, au noble rang où se sont élevés et doivent se confondre tous les citoyens concourant à former une première classe immense; aussi ne manque-t-elle pas de présenter à la royauté comme une entreprise ennemie tout ce qui tend à produire ce développement. Mais celle-ci, obligée de laisser l'Esprit public prendre part au pouvoir et d'accepter son influence, est loin de recevoir du dommage lorsqu'un nouvel Esprit vient à posséder cet avantage; elle y trouve au contraire un plus ferme appui et des conseils plus sincères, sa grandeur est plus vraie et sa dignité plus belle; si l'Esprit aristocratique se montre empressé d'avoir des complaisances, c'est quand il espère en profiter, et elles sont sujettes à de fâcheux retours. Le refus d'un Esprit plus développé n'est qu'une heureuse inflexibilité, car le véritable bien n'est pas d'abuser, mais de faire un bon et sûr usage. Avec cet Esprit, la royauté se revêt d'un plus auguste caractère, ses mœurs, ses habitudes, ses désirs s'élèvent et s'épurent; comme cet Esprit dont la voix seule retentit autour d'elle, animée de l'amour du bien général, elle sent que son premier devoir et son véritable intérêt lui prescrivent d'employer tous ses soins à l'obtenir.

Lorsqu'on s'est pénétré des diverses considérations qui précèdent, on ne peut s'empêcher de reconnaître que la France, entraînée par ses mœurs, ses longues habitudes et des souvenirs encore récens, regarde la royauté constitutionnelle comme une institution favorable à sa prospérité, et par conséquent à sa gloire; et l'on ne fait nul doute que l'Esprit public ne soit disposé à s'attacher à elle, pourvu que, de son côté, la royauté veuille le consulter franchement et le payer d'un fidèle retour.

CHAPITRE VII.

Du Droit d'élection.

Il s'agit donc maintenant d'examiner si, en France, l'Esprit public est véritablement consulté, et s'il est la solide et large base sur laquelle s'élève le gouvernement représentatif.

Par le droit d'élection, qui fait la séparation légale des deux grandes classes de citoyens dont l'état se compose, ceux de la première, considérés comme formant l'Esprit public, nomment des députés et sont rendus participans de la puissance souveraine, tandis que tous les autres, jetés dans la seconde, sont regardés comme étant dans un état d'incapacité qui ne permet pas qu'on leur laisse exercer ce même droit; la loi, qui statue touchant cette division fondamentale, la fait-elle dans les justes limites, et l'Esprit électoral n'est-il en effet que l'Esprit public?

Le prétendre, ce serait réduire la première classe à une minorité inconcevable, et fermer les yeux sur l'état de la société; les électeurs de la

loi sont perdus au milieu de cette quantité de citoyens qui prennent part à la formation de l'Esprit public, et les colléges électoraux, n'offrant
qu'une réunion incomplète, n'ont point assez
d'autorité dans la nation, tandis qu'ils devraient
tout entraîner avec eux, et porter souveraine-
ment leurs décisions. La correction faite à l'ancienne loi n'a point eu assez d'effet. C'est encore
cet Esprit sur lequel comptait la Restauration, car
elle-même ne doutait pas qu'il ne lui fallût avoir
l'Esprit public de son côté ; mais, tournant toujours ses regards vers le passé, elle crut qu'une
classe peu nombreuse qui aurait le privilége des
titres, des honneurs et des emplois, suffisait pour
diriger l'opinion, et c'est à ce petit nombre que
se rattacha tout son système : cette erreur a causé
sa chute.

Cuex qui participaient à former l'Esprit public
ne laissaient pas tant d'influence à cette minorité
titrée qui, dans les débats, restait confondue
avec les autres citoyens aussi éclairés, aussi fiers
et bien plus nombreux. Retomber dans les mêmes illusions serait incroyable ; on se demande
donc pourquoi un article de l'ancienne Charte se
retrouve dans la nouvelle, parlant toujours de
Nobles faits à volonté qui reçoivent des rangs et
des honneurs ?

Lorsque l'hérédité de la Pairie n'a pu se maintenir, lorsque les Electeurs et les Eligibles ne conservent leur qualité qu'autant qu'ils remplissent la condition que la loi leur impose, on ne conçoit pas bien ce que veulent dire aujourd'hui des qualifications devenues étranges, et qui sont tout ensemble héréditaires, sans condition et sans aucunes fonctions ; la dignité royale elle-même n'est fondée que sur l'utilité de celles qu'elle remplit, et sa transmission héréditaire n'est victorieusement défendue que parce que sa suppression serait funeste au bien du pays : un frivole titré devient pour elle un objet de comparaison offensant qui lui peut porter dommage. D'ailleurs, quelle autre Noblesse peut-il sérieusement exister que la classe des Electeurs ? elle qui forme cet Esprit public légal avec lequel le gouvernement doit marcher de concert, et qu'il reconnaît pour être à la fois et son guide et son juge. En tous lieux la Noblesse n'a dû sa supériorité, n'a possédé tant d'avantages, que par l'exercice, quoique moins explicite, de ce droit souverain ; dans chaque Electeur, cependant, il n'est pas héréditaire, pas même à vie ; le défaut de la condition obligée l'anéantit. Que prétend donc l'article avec ses rangs, ses honneurs et son hérédité sans condition et sans fonctions ?

Les principes ont été établis, et l'état de la société ne peut être ignoré. Si les conseillers du pouvoir, portant leur vue au delà de l'enceinte des Chambres, l'étendent sur le sol entier de la patrie, ils y verront une première classe jalouse de ses droits, mais généreuse, disposée, par un effet de son développement, à faire tout ce qu'exige le bien du pays, et, par un autre effet de la même cause, exerçant une prodigieuse influence sur la seconde classe; s'ils sont persuadés que des conditions ne sont imposées à l'Esprit public légal qu'afin de mieux obtenir l'expression de l'Esprit public réel; s'ils pensent que les faux-semblans, à cet égard, produisent l'incertitude, la défiance, et à leur suite une désaffection qui se répand dans tous les rangs de la société; et s'ils veulent enfin créer cet accord sans lequel la prospérité et la paix de l'état sont impossibles, ils en sauront facilement trouver les moyens, et ils auront acquis des titres à la reconnaissance de la nation et de la royauté.

Mais, au cas qu'on eût résolu de ne pas réformer maintenant la loi d'élection, nous proposerions d'adopter du moins l'amélioration suivante: Les citoyens âgés de vingt-cinq ans, payant cinquante francs de contributions directes jusqu'à deux cents, et qui ne sont pas électeurs, se réuniront au chef-lieu de leur canton, pour élire parmi eux un citoyen sur cinq membres présens, lequel recevra la qualité d'électeur et concourra à la nomination des députés. Les citoyens ainsi élus ne conserveront leur qualité et leur droit que pendant la durée de la même chambre, après quoi il y aura lieu à de nouvelles élections.

Ce serait encore un moyen propre à faire arriver au même but, celui de serrer l'union du gouvernement avec l'Esprit public, que d'adopter cette autre disposition : Tous les citoyens payant cinquante francs de contributions directes composent, dans chaque canton, l'assemblée électorale, et sont éligibles pour le conseil-général de département ; ici les conditions devant être plus faciles que dans les colléges électoraux, à cause de l'infériorité des fonctions auxquelles sont appelés ceux que le choix désigne. Tous les trois ans, chaque conseil-général, dans la session qui suivra son renouvellement par tiers, émettra son vœu touchant un objet de loi, et il procédera ensuite à l'élection de l'un de ses membres. Ces élus se rendront dans la capitale pour la fête du Roi, ils s'y réuniront en grand conseil et feront la vérification des objets de loi votés, une députation en remettra le procès-verbal au ministre, et un rapport à ce sujet sera fait par lui aux chambres ; ils rédigeront aussi une adresse, et seront admis à l'exprimer devant le Roi, qui, après avoir répondu ce que lui dictera sa bonté, donnera la croix de la légion-d'honneur à ceux d'entre eux qui ne l'auront pas.

Sa présence, ses paroles, cette décoration, graveront son souvenir en traits ineffaçables dans le cœur de ces Français estimés de leurs concitoyens et honorés de leur choix, ils ne rentreront dans leur famille que pénétrés d'attachement, ils y communiqueront les émotions qu'ils auront éprouvées, et dans le pays on sera fier de cette croix donnée à l'homme de l'élection. Par ces rapprochemens, il s'établira un commerce continuel d'affection entre l'état et le Roi ; et les grâces peuvent-elles jamais être mieux répandues ? l'élection ne sera-t-elle pas pour le citoyen désigné une sorte de jugement rendu sur les déclarations de deux jurys nombreux et éclairés ? Quand la faveur influe avec un doux succès, mais au détriment de l'institution, dans les désignations auxquelles il faut bien que le Roi s'en rapporte, est-ce donc trop que, dans l'espace de trois ans, l'opinion ait cette faible part, de lui désigner par département un citoyen vraiment digne de cette récompense ?

CHAPITRE VIII.

De la Conservation de l'Esprit public.

———

L'Esprit public, comme la raison l'indique et comme l'histoire le prouve, s'égare et s'éteint lorsque la morale publique se perd ; et celle-ci, il faut le reconnaître en finissant, trouve un secours admirable dans la religion que l'Europe professe aujourd'hui, car les abus qu'on en put faire dans des tems où tout était abus, ne lui doivent pas être imputés. Quel appui qu'une doctrine si parfaite, qui ne recommande que des vertus, qui, non-seulement, oblige à la réparation, mais veut le repentir, le changement du cœur ! Si, au milieu des erreurs grossières qui aveuglaient les peuples du moyen-âge, on voit luire quelque trait d'humanité, c'est un bienfait de cette religion qui fit pénétrer le devoir de l'amour mutuel dans ces cœurs farouches, enseigna si puissamment le principe de l'égalité naturelle entre les hommes, et défendit leur liberté outragée par un odieux esclavage, quand avant elle les peuples les plus vantés s'étaient montrés si impitoyables à cet égard, portant l'excès jusqu'à mettre au rang des choses inanimées ceux qu'ils privaient de la liberté.

La religion est en France un intérêt social bien réel, il a donc droit à être protégé, et il n'en est point qui s'accorde mieux avec tout ordre, toute justice, tout bonheur public; mais ses ministres éviteront de se mêler dans les débats politiques, car ils exposent à s'y flétrir des vertus qu'ils doivent à l'exercice exclusif de leurs fonctions, et, jugés avec rigueur par un Esprit public développé, leur parole n'a plus la même autorité, l'appui qu'ils croyaient donner est sans force, la religion passe pour être un instrument de parti ou un moyen d'ambition, et une sorte d'hypocrisie s'est répandue sous les traits de la morale publique.

L'Esprit public français, qu'accroît et que fortifie une presse excessivement répandue, est formé par un assez grand concours de citoyens pour qu'il exige une rigoureuse égalité de droits; mais il accueille favorablement une royauté qui, prenant de lui ses inspirations, cimente l'union du corps social, il désire s'attacher au gouvernement établi et n'y met que la condition d'être sincèrement consulté.

Elle ne peut être refusée, et l'accord indispensable se réalise, et l'on voit fleurir le gouvernement fondé sur l'Esprit public développé et fidèlement représenté ; les uns voudront l'appeler la monarchie des nations civilisées, d'autres, la république dans la seule forme qui, pour le présent, convienne aux vieux peuples des états européens. Il n'importe, la France et son gouvernement présenteront cette invincible unité, cause puissante de respect au dehors, et gage au dedans d'une prospérité telle que l'antiquité l'ignora toujours. En effet, les Romains et les autres anciens peuples dont le patriotisme fit éclater de si héroïques courages, n'eurent jamais qu'un Esprit public mal éclairé, dont le développement, qui ne pouvait bien s'effectuer, eût amené l'anarchie. Le paganisme abâtardissait les ames dans le corps de la nation, et les tenait plongées, sous le rapport moral, dans un honteux obscurcissement ; on méconnaissait la dignité de l'homme, l'esclavage était invoqué comme un droit, comme une nécessité, et dénaturait l'état de société en y introduisant la barbarie. Aujourd'hui, les peuples de l'Europe, favorisés d'une morale plus pure et d'une raison plus élevée, sont suscepti-

tibles d'acquérir un Esprit public ayant des qualités bien supérieures, et ils sont faits pour arriver à un mode de régime que les Anciens ne
pouvaient ni connaître ni mériter.

FIN.

TABLE

DES CHAPITRES.